SIMPLE RÉPONSE.

SIMPLE RÉPONSE

AUX APPRÉCIATIONS

DE M. THÉODORE NISARD,

SUR LES LIVRES DE CHANT ROMAIN

ÉDITÉS A DIGNE.

PARIS,

E. REPOS, ÉDITEUR DE LIVRES DE CHANT ROMAIN,

8, RUE CASSETTE.

1857.

SIMPLE RÉPONSE

AUX APPRECIATIONS DE M. THEODORE NISARD,

SUR LES LIVRES DE CHANT ROMAIN

ÉDITÉS A DIGNE.

Dans un ouvrage qui a pour titre: *Études sur la restauration du Chant Grégorien au XIXe siècle*, M. Nisard se propose de démontrer: que cette restauration doit se réaliser surtout en vue de l'unité liturgique; que cette unité si désirable est impossible avec les essais proposés par le P. Lambillotte, par les éditeurs de Reims et Cambrai et par ceux de Malines. Ces éditions, ne respectant pas le Chant Grégorien, tel qu'il est connu et pratiqué en France depuis des siècles, sont un obstacle sérieux, un danger même pour la religion, *en ce sens* qu'elles empêchent la manifestation de l'ᴜɴɪᴛᴇ́ de la sainte liturgie, et remplacent les variantes par d'autres variantes, la diversité par la diversité. Nos vieilles éditions françaises, consacrées par plusieurs siècles d'expérience et de pratique, sont la seule voie qui conduise à l'unité liturgique : elles seules peuvent donc rendre cette unité possible.

Ce sentiment est partagé par les plus savants musicographes modernes.

Avant que le savant auteur l'eût exposé, avec tout le talent de sa parole et le prestige de son éloquence, la Commision de Plain-Chant de Digne, dans son Rapport du 25 janvier 1853, soutenait : que pour rétablir l'unité complète dans nos églises, telle qu'elle existait avant l'introduction à jamais déplorable des liturgies modernes, il n'y avait qu'à revenir à nos vieux livres de Chant Romain, qui tous se ressemblent quant au fond, et sont exécutés d'après les règles d'une sage réforme prescrite par les Conciles d'abord, par l'autorité ensuite du Siége Apostolique. Sous ce rapport nous sommes donc en communauté de sentiment, avec l'auteur des *Etudes*.

M. Nisard ne croit point toutefois que nos vieilles éditions, reproduites telles quelles, puissent aboutir à la restauration du Chant Grégorien. Nous ne le croyons pas non plus : et aussi, nous sommes-nous efforcé d'introduire dans nos livres beaucoup d'améliorations importantes, des innovations sages et prudentes, qui, respectant le Chant traditionnel, l'épurent, le simplifient et en rendent l'exécution plus facile. Ces améliorations sont indiquées dans le Rapport déjà cité. Nous sommes heureux de le dire, ces innovations ont été accueillies avec faveur par *d'autres éditeurs venus après nous.*

Nous n'avons point la présomption de regarder notre œuvre comme parfaite ; nous pensons seulement qu'elle est utile, bonne et avantageuse. M. Nisard veut bien nous rendre cette justice ; mais au milieu des paroles élogieuses et sympathiques qu'il nous adresse, nous avons cru reconnaître qu'il ne saurait se résoudre à nous pardonner de n'avoir point mis en pratique les règles et les principes formulés dans ses *Études.* Le jugement qu'il porte sur les livres édités à Digne, nous a paru capable de compromettre le succès de notre œuvre, en égarant le public dans l'opinion qu'il pourrait se former sur nous et sur le travail de la Commission. Nous regrettons de ne point y trouver cette modération et cet esprit d'équité, dont on ne doit jamais se départir dans la défense même de la vérité, et notamment encore, quand ce que l'on défend, peut *n'être pas la vérité.*

Nous ne faisons pas à notre honorable contradicteur l'injure de croire que sa critique a pour mobile un intérêt contraire au nôtre : non, non : nous repoussons de toute l'énergie de notre âme, non point une pensée seulement, mais jusqu'au plus léger soupçon contre son honorabilité. Nous croyons simplement que trop prévenu en faveur de quelqu'autre édition *postérieure* à la nôtre, il n'a point su se défendre assez de cet esprit de partialité, qui domine toujours un auteur, même à son insu. Il est donc de notre devoir, et lui-même ne saurait trouver mauvais que nous discutions la valeur de ses arguments ; que nous soumettions à ce même public auquel il s'adresse, un ensemble de réflexions qui lui permette de prononcer, en toute connaissance de cause, dans la question qui nous divise.

Notre langage ne saurait être ni éloquent, ni imagé, ni brillant, comme le sont tous les écrits de notre contradicteur; il sera calme et convenable : et si quelque expression blessante venait à nous échapper, nous sommes prêt par avance à la retirer et à en offrir satisfaction.

Nous croyons avant tout devoir mettre sous les yeux du lecteur le Rapport de la Commission de Digne qui, en faisant connaître, mieux que nous ne pourrions le faire nous-même, la nature et le fond de nos livres, préviendra beaucoup de questions et résoudra plusieurs difficultés.

5

RAPPORT

A SA GRANDEUR MGR L'ÉVÊQUE DE DIGNE

Sur la nouvelle édition du Graduel-Vespéral Romain,
publiée par **Repos**, *Éditeur.*

—

MONSEIGNEUR,

L'impression du *Graduel* et de l'*Antiphonaire* Romain, in-f°, **est** terminée. La Commission qu'il vous a plu de nommer, pour l'exécution de cette œuvre, a l'honneur de soumettre à votre Grandeur, le Rapport suivant.

Ce Rapport est le résumé de ses travaux, et la réponse à toutes les questions qui lui ont été adressées. Il fait connaître: 1° le but et le motif de cette nouvelle édition des Livres de chant romain; 2° les principes d'après lesquels la Commission s'est dirigée ; 3° l'ordre de ses travaux; 4° les avantages et les améliorations de cette édition ; 5° les attaques dont elle a été l'objet ; 6° un tableau comparatif entre cette même édition et les autres éditions françaises, et notamment celle publiée à Paris, par M. Lecoffre, servira puissamment à éclairer le jugement des vrais amateurs du chant ecclésiastique.

Entièrement absorbée dans ses travaux, la Commission a gardé jusqu'à ce jour un profond silence. Si elle consent aujourd'hui à le rompre, ce n'est que pour édifier pleinement le clergé sur le mérite de cette nouvelle édition, et repousser d'injustes attaques suggérées, peut-être, par l'esprit de concurrence ou de rivalité.

§ Ier. — *But et motif de cette nouvelle Édition.*

En acceptant la difficile et délicate mission qui lui était donnée, la Commission devait s'inspirer avant tout des sentiments qui animaient les illustres et vénérables Prélats de la Province d'Aix. Or, il était dans les vœux de ces Pontifes de resserrer les liens d'unité liturgique qui rattachent toutes les églises de la Province à l'Église-Mère et Maîtresse. L'UNITÉ de prières existait déjà, il fallait encore l'UNITÉ de chant, qui en est le complément, et comme sa forme la plus populaire et la plus sensible.

Mais pour arriver à ce but si désirable, on devait se défendre de toute innovation qui, contrariant les habitudes et les usages reçus, eût porté le trouble et la confusion dans toutes les églises. Il ne pouvait donc être question ni de créer et d'introduire un chant nouveau, ni de réformer radicalement le chant traditionnel. Il s'agissait seulement de corriger, dans ce chant usuel, les imperfections dont l'ignorance ou la négligence des éditeurs avaient pu le charger.

La Commission de Digne n'avait donc qu'à s'entourer des éditions françaises les plus anciennes et les plus estimées. Elle devait les étudier avec soin, les comparer l'une avec l'autre, se rendre raison des variantes qu'elles pourraient offrir, les concilier, et au besoin les corriger, en se conformant néanmoins toujours aux règles de la tonalité Grégorienne. Elle devait aussi choisir, parmi les éditions modernes, celles qui se rapprochent le plus des éditions anciennes, et qui présentent le plus de garanties d'authenticité. Tel est le plan qu'elle a suivi.

Cette nouvelle édition n'est donc pas une reproduction servile de telle ou telle autre édition, plus ou moins opposée au chant usuel de nos églises. A Dieu ne plaise que nous ajoutions à la confusion déjà trop grande en fait de livres de chant! A d'autres la prétention de se poser en réformateurs. Pour nous, notre rôle est plus modeste, nous nous sommes proposés une œuvre à la fois de restauration pratique et de conciliation.

§ 2. — *Principes sur lesquels la Commission s'est appuyée.*

La Commission a admis comme principes les deux points suivants : premièrement, le chant ecclésiastique n'est point à faire, il est fait : il n'est point à refaire, car il est bien fait. Secondement, nos vieilles éditions de livres choraux contiennent le véritable chant traditionnel. Ces éditions sont la reproduction, la moins incorrecte, des antiques mélodies Grégoriennes que nous n'avons plus dans leur intégrité, et qui malheureusement ne se retrouveront jamais.

Nous n'avons pas à insister sur la vérité du premier point. Mais il nous importe d'établir solidement le second. Que nos vieilles éditions contiennent le chant traditionnel de l'Église, on n'aura pas de peine à s'en convaincre, si l'on réfléchit qu'il n'était aucune église en France, avant la déplorable invasion des liturgies particulières, où le chant de ces mêmes éditions ne fut connu et le seul usité(1). On le trouve à Paris,

____

(1) Les procès-verbaux des assemblées générales du Clergé de France, aux années 1655-56-50 et 1768, font foi que toutes les éditions françaises qui ont

comme à Marseille; à Lyon, comme à Bordeaux; à Arles, comme à
Toul. On le trouve encore à Avignon, cette ville papale, où les souvenirs de la Cour romaine se sont perpétués jusqu'à nos jours. Que
l'on compulse les éditions de Rome, de Venise, de Turin, etc., on rencontrera partout, à quelques légères variantes près, le même fond, les
mêmes mélodies et le même chant. Or, cette universalité, cette conformité dans des éditions si diverses de temps et de lieux, ne prouventelles pas que c'est bien là le chant traditionnel de l'Église?

On peut, d'après un savant Prélat, faire le raisonnement suivant :
« Il en est des Livres de chant, usités dans l'Église et édités en divers
lieux et à diverses époques, comme des quatre Évangiles: ils se ressemblent trop pour n'avoir pas la même origine, et pas assez pour qu'on
puisse dire qu'ils ont été copiés les uns sur les autres. »

Nous savons que de nos jours on cherche à accréditer la thèse contraire; qu'on représente nos vieilles éditions, comme donnant un chant
défiguré, mutilé, altéré. C'est dans les manuscrits, dit-on, qu'il faut
chercher le véritable chant Grégorien. Mais qu'elle est donc l'autorité
morale de ces manuscrits tant vantés? Et, puisqu'ils sont nombreux,
quel est celui d'entre tous qui mérite la préférence et qui reproduit le plus
fidèlement le chant primitif? Est-ce celui de Saint-Gall, dont le Père
Lambillotte a fait l'éloge et qu'il a modifié toutefois, selon les règles de
la tonalité moderne? Est-ce celui de Montpellier, qui a servi de base
à l'édition publiée à Paris? Est-ce celui de Castres, de la Bibliothèque de Paris, de tel ou tel autre monastère? Il importe qu'on le
sache; il importe aussi qu'on dise comment et pourquoi, après l'invention de l'imprimerie, ces manuscrits n'ont pas obtenu l'honneur de
l'impression et ont été laissés tout-à-fait de côté, pour faire place à
des éditions qui, nous objecte-t-on, ne présentent qu'un chant défiguré! La préférence donnée à ces dernières nous prouve assez qu'elles
reproduisaient mieux le vrai chant primitif, et qu'en les adoptant, on
voulut éviter ces déplorables innovations introduites dans le chant sacré
par ces manuscrits divers. Un Concile de Reims disait en 1564 :
*Abbrevietur cantus quantùm fieri poterit, quando, super
unam syllabam aut dictionem, plures sint notulæ quàm par
sit.* Le pape Paul V ordonna la même chose à Ruggiero Giovanelli, qui

<hr>

paru depuis ces époques, ont été publiées par l'ordre et le concours de l'épiscopat français; qu'elles sont seules approuvées et reçues *afin qu'il y ait dans
tout le royaume un chant uniforme*, *et d'accord avec celui qui est pratiqué dans
toute la Catholicité.*

publia un *Graduale* à Rome, en 1614 et 1615. L'histoire atteste que depuis le commencement du seizième siècle, l'Église a constamment encouragé, ordonné même, l'abréviation du chant Grégorien ; et nous voyons ces sages prescriptions mises en pratique dans tous les livres imprimés et manuscrits des siècles suivants.

Écoutons maintenant M. Danjou lui-même, pour nous édifier sur le mérite de ces manuscrits. Il sera curieux d'apprendre de sa bouche, quelle confiance on peut leur accorder. « Les altérations introduites » dans le chant de l'Église étaient déjà si considérables au commence-» ment du onzième siècle, que Guido d'Arezzo se crut obligé de faire » un traité concernant leur correction, qui est parvenu jusqu'à nous. » Il attribue ces altérations à l'ignorance de la plupart des clercs et » des moines.

» Mais ce fut surtout vers le milieu du treizième siècle, que la » belle simplicité du Chant Grégorien reçut une CRUELLE ATTEINTE » par des additions multipliées de notes sur une syllabe, à l'imitation » du chant oriental, dont le goût avait été rapporté en Europe par les » Croisés, etc., etc. » (*Revue de la Musique religieuse*, par M. Danjou, 1845, page 17 et 18.)

Écoutons encore M. Edmond Duval sur le mérite de ces mêmes manuscrits. « Vouloir reproduire au moyen de manuscrits, un Plain-» Chant, je ne dirai pas parfait, je ne dirai pas même satisfaisant, » mais supportable, est une VÉRITABLE UTOPIE. » (*Études sur le Graduel Romain*, publié par M. Lecoffre.)

Nous n'ajouterons rien à ces témoignages ; ils suffisent pour démontrer qu'en nous appuyant sur les vieilles éditions du *Graduel* et de l'*Antiphonaire*, pour l'édition de Digne, nous avons retrouvé le vrai chant traditionnel de l'Église.

Mais, nous dit-on encore, parmi toutes ces éditions, il n'y en a peut-être pas deux qui se ressemblent. Nous pourrions, à bien plus juste titre, renvoyer le même reproche aux manuscrits, et l'appuyer par des citations nombreuses. Nous nous bornons à dire que la Commission, dans l'examen et l'étude sérieuse des vieilles éditions, n'a point rencontré cette prétendue anarchie que l'on fait songer si haut, ni cette altération profonde que l'on déplore ; elle a acquis, au contraire, la conviction que le chant est toujours identique quant au fond ; que très-souvent il est conforme, note pour note ; que les quelques variantes qu'on y trouve, ne portent que sur des choses purement secondaires ou accessoires, et que les erreurs sont souvent

le fait du copiste ou du correcteur d'imprimerie. Du reste, quand nous
disons que le chant est identique, on comprend que nous n'entendons point
une identité mathématique : la chercher, en pareil cas, serait demander l'impossible. Il suffit que ce chant n'offre pas de différences notables dans ses formules typiques.

§ 3. — *Ordre des travaux de la Commission.*

La Commission, pour atteindre le but désiré, a dû apporter beaucoup
de soins dans le choix des diverses éditions de nos livres choraux. Elle
s'est donc entourée de toutes celles qui lui ont été signalées comme les
plus correctes. Voici la nomenclature des principales :

1° Celle de Toul, imprimée en 1624, par les frères Le-Belgrands,
magnifique édition grand in-folio, et la première publiée en France,
après celle des Médicis à Rome 1614-15.

2° Celle de Paris, en 1671, par une société de libraires.

3° Celle de Lyon, en 1691, par Valfray.

4° Celle de Grenoble, en 1735, par Pierre Faure.

5° Celle de Lyon, en 1763, par Aimé de la Roche, soigneusement collationnée avec les livres de chant imprimés à Rome (1).

6° Celle d'Avignon, en 1788, par Niel, etc., etc.

Sans accorder pourtant la même confiance à des éditions modernes,
elle n'a pas hésité de consulter : 1° l'édition de Dijon ; 2° celle d'A-
vignon, imprimée en 1810, par Garrigan ; — 3° *Idem* d'Avignon,
en 1816, par Berenguier ; — 4° celle de Lyon, en 1839, etc.

Elle a consulté encore plusieurs livres choraux manuscrits, et en-
tr'autres celui des religieux Augustins d'Arles, sous la date de 1604.
Il a pour titre : *Antiphonarium romanum Augustinianum, anno
1604, exaratum in carta, caris et raris nimis membranis
pro conventu Arelatensi Ord. [. [. Eremitarum s. P. Augus-
tini, per [. h. e. p. s. indignum.... servato quantum fieri
potuit, et per usum licuit, antiquioris cantu concentu,
juxtà exemplaria C. C. L. annorum quorum copiam penes
se habebat scriba ex libris chori conventus parisiensis excep-
tam* (2).

---

(1) Cum exemplaribus Romæ editis fideliter collatam.

(2) Nous avons été profondément étonnés de trouver dans ces manuscrits du
seizième siècle, autant de conformité et de ressemblance avec nos éditions
françaises. Nous avons acquis ainsi une preuve nouvelle de la tradition catho-

Composée d'ecclésiastiques domiciliés dans la même ville, la Commission se réunissait plusieurs fois dans la semaine, en assemblée générale, et le plus souvent, dans le Palais épiscopal. C'est dans ces réunions que toutes les éditions étant comparées, expliquées et corrigées l'une par l'autre, on arrêtait une rédaction définitive de chaque office et de chaque morceau de chant. Le Comité de rédaction, chargé du travail préparatoire, corrigeait encore les deux premières épreuves. A la troisième, soumise à d'autres membres de la Commission, on s'assurait de l'exactitude des corrections et de leur conformité avec la copie adoptée dans l'assemblée générale. Le travail était, de plus, partagé de telle sorte entre tous les membres, que l'un avait à collationner le texte liturgique; l'autre à reproduire les rubriques en la langue française; celui-ci, à vérifier l'orthographe; celui-là, à surveiller la pagination, de telle sorte que chacun concourait, autant qu'il était en lui, à donner à l'édition toute la perfection désirable.

On pourrait nous demander ici comment opérait la Commission de Digne, lorsque des variantes notables existaient dans les diverses éditions qu'elle avait sous les yeux. Nous répondons : quand deux éditions se trouvaient opposées, on en consultait une troisième, une quatrième, une cinquième au besoin, pour reconnaître laquelle des deux premières offrait le plus de garanties et d'autorité. Si ces différences étaient l'effet d'une erreur manifeste ou dans la tonalité ou dans une formule mélodique, il n'était pas difficile de s'en convaincre, et de corriger cette erreur par l'application des règles du chant ecclésiastique. Si ces règles étaient respectées, la Commission donnait la préférence aux éditions qui consacraient le chant usité.

Ce qui nuisait le plus souvent à la bonne exécution du chant dans les éditions anciennes, c'était la trop grande fréquence des changements de clefs dans une même mélodie (1). La Commission a évité avec soin cet inconvénient. Elle s'est appliquée également à rendre aussi rares que possibles ces transpositions qui, sans altérer le chant, blessent les règles de la notation ; elle a éliminé ce feu roulant de notes brèves qu'un faux goût a répandues avec profusion dans quelques édi-

rale en France, puisque la copie du manuscrit d'Arles remonterait au quatorzième siècle.

(1) Nous pourrions citer à l'appui de nombreux exemples : nous nous bornerons aux suivants pris dans l'édition de Valfray : la prose *Victimæ paschali*, offre 4 changements de clefs ; l'antienne *Salve Regina*, 4 ; la prose *Lauda Sion*, 13, etc. Il n'est pas jusqu'à des morceaux de chant d'une moindre étendue, qui en offrent souvent deux ou trois.

tioas modernes , et qui sont plus propres au chant musical qu'au chant grave et austère de l'Église; toutefois elle ne les a point proscrites radicalement ; il le fallait , pour respecter les règles de la prosodie.

Enfin , la langue latine étant généralement ignorée des chantres laïques, c'est dans une langue connue de tous , parlée par tous qu'elle a reproduit le titre de chaque office , le rit auquel il est élevé , et les rubriques qu'il faut observer.

§ 4. — *Avantages et améliorations de l'Édition de Digne.*

Les avantages qu'offre cette nouvelle édition sont plus nombreux, et ses améliorations plus importantes qu'on ne saurait le croire de prime abord.

En effet, 1° elle donne , autant que possible, dans toute sa pureté, le vrai chant ecclésiastique ; ce chant que nous retrouvons encore dans un grand nombre de paroisses, dans des diocèses même qui avaient répudié le rit de l'Église-Mère , et qu'on essayerait vainement de leur ravir;

2° A cette pureté se joint une simplicité d'expression , si l'on peut parler ainsi , qui aplanit les difficultés et en facilite l'exécution. Nous l'avons déjà dit, ce qui fait le plus souvent le désespoir des chantres peu exercés, ce qui déroute quelquefois les plus habiles, ce sont ces changements de clefs fréquents , subits, inattendus, dans une même pièce de chant; cette difficulté n'existe pas dans l'édition de Digne , on n'y en rencontre pas un seul.

Le système des clefs a été simplifié aussi : on les a réduites invariablement à trois, clef d'*ut* en 3° et 4° ligne , et clef de *fa* en 3° ligne. On sait que le contraire existe dans les anciennes éditions et même dans la plupart des modernes, et qu'on y compte jusqu'à 7 clefs. Nous ne pouvons ici qu'indiquer cette amélioration; l'usage de nos Livres en fera comprendre aisément l'importance. Les anciens livres, par suite de leurs systèmes de clefs, se servent arbitrairement de telle ou telle clef pour les divers tons. Ainsi par exemple , on trouvera dans Valfray des morceaux du 4° ton notés tantôt en clef de *fa* , 3° ligne , tantôt en clef d'*ut* en 4° ligne. (Introïts du 5° et 6° dimanche après la Pentecôte , Offertoire de la messe de sainte Agathe.) L'édition de Digne suit, au contraire, une règle fixe , invariable, donnant aux morceaux des 1, 3, 4, 6 et 8 tons la clef d'*ut* en 4° ligne; à ceux du 2° ton , la clef de *fa* en 3° ligne , sauf que ce ton soit transposé, car alors c'est la clef d'*ut* en 3e ligne; à ceux du 5e ton, la clef d'*ut* en 3e ligne avec le bémol ; à ceux du 7e enfin, la clef d'*ut* en 3e ligne.

L'édition de Digne a rendu encore à leur tonalité régulière beaucoup de morceaux de chant.

Que l'on compare notre chant traditionnel ainsi simplifié avec cette superfétation de *neumes*, ou longues suites de notes sur une seule syllabe, et l'on comprendra sans peine, que si le premier peut devenir aisément populaire, le second demande un étude, un goût, des efforts que l'on ne saurait exiger de l'immense majorité des chantres. Le premier est pour le peuple, le second est pour les habiles...;

3° Elle est de toutes les éditions la plus complète, contenant, avec tous les anciens offices, tous les offices nouveaux concédés jusqu'à ce jour soit à l'Église universelle, soit à quelques églises en particulier (1). La Commission a recouru à Rome même pour avoir le chant de ces nouveaux offices; et ne l'y trouvant pas, elle en a donné un, calqué sur le chant traditionnel;

4° Elle est encore la plus commode pour toutes les catégories de chantres. — Avec les rubriques en français, ils connaissent tout de suite le rit qui est assigné à chaque fête, et, par conséquent, le plus ou le moins de gravité qu'il faut donner au chant. — Le Commun des Saints n'est point, comme dans toutes les éditions précédentes, un renvoi perpétuel d'une Messe à une autre Messe; renvoi qui, bien indiqué qu'il soit, donne toujours de la fatigue et de l'ennui. Que l'on compare, par exemple, les Messes votives ou Commun de la Sainte Vierge dans l'édition de Digne, avec l'ordre adopté dans toutes les autres éditions même modernes, et l'on appréciera l'importance de cette amélioration (2);

5° Enfin, cette édition, quoique la plus complète et la plus commode, est néanmoins la plus économique. Ce que la Capitale ne nous eût donné qu'à grand frais, et au moyen de capitaux réunis, M. Repos le

(1) En comparant l'édition de Digne avec celle publiée à Paris, on reconnaîtra que la première donne en plus 68 messes, dont 50 dans le Propre des Saints, et 58 dans le Supplément *pro aliquibus locis.*

De même pour le *Vespéral*, nous pourrions signaler 16 vêpres ou offices et un grand nombre d'antiennes à Magnificat, deux hymnes, etc., comme manquant dans l'*Antiphonaire* Rémo-Cambraisien.

Ces omissions nous paraissent d'autant plus regrettables que MM. les éditeurs de Paris ont cru devoir signaler hautement quelques omissions, motivées sur l'usage de nos pays, dans notre première édition économique de 1851.

(2) Le *Graduel* de Digne sous le titre : COMMUN DES APÔTRES, réunit dans une même messe tout ce qui est commun à plusieurs Apôtres. Cette addition manque dans tous les *Graduels* publiés jusqu'à ce jour. Elle simplifie singulière

livre à des prix très-modérés; aussi une première édition in-12 a été promptement épuisée. Une deuxième paraîtra, avant la fin de l'année. Les in-f° sont terminés, et bientôt MM. les souscripteurs les auront à leur disposition (1).

§ 5. — *Attaques dont cette Édition a été l'objet.*

Que l'édition publiée à Digne fut attaquée, critiquée, on s'y attendait, c'est le sort commun à toute publication d'un intérêt général. Loin d'être étonnée de ces attaques, la Commission les a provoquées au contraire, en autorisant l'éditeur à publier de nombreux prospectus par toute la France et même à l'étranger. Elle voulait, par-là, s'entourer de nouvelles lumières, et introduire de nouvelles améliorations dans les éditions suivantes; mais elle se doit aujourd'hui à elle-même de répondre à quelques observations qu'elle ne croit pas fondées (2).

On nous a demandé d'abord: pourquoi n'avoir pas conservé, dans l'édition de Digne, ce mélange de notes brèves et communes que l'on trouve dans les anciennes éditions, et qui donnaient au chant et plus de variété, et plus de mélodie? Ce reproche est plus spécieux que solide: et sans entrer dans de longs détails, nous disons que ce n'est point là une innovation ignorée des anciens. On trouve ce système de notation 1° dans les livres des Chartreux, imprimés à Paris

---

ment les renvois du Propre des Saints. Exemple pris dans la fête de saint Jacques le Majeur.

Introit Mihi autem. . . . ⎫
Graduel Constitues eos . . ⎪
Alleluia. v. Ego vos elegi. ⎬ *Au Commun des Apôtres*, page 109.
Offert. In omnem terram. ⎪
Comm. Vos qui secuti. . . . ⎭

Dans les autres éditions, au lieu d'un renvoi, on en a cinq : c'est à désespérer nos chantres campagnards.

(1) Depuis l'impression de ce Rapport en 1857, M. Repos a publié une deuxième et une troisième édition in-12, et une quatrième petit in-4°. — Il prépare une nouvelle édition pour lutrin, dont le prix, suivant le format et la catégorie, variera de 55 fr., à 5,500 fr. -- Voir son *Catalogue.* -

(2) On avait reproché à la première édition économique, publiée en 1851, l'omission des versets *Graduels* et la suppression d'une partie des *Traits*. Ces suppressions n'existent pas dans l'édition deuxième qui fait l'objet de ce Rapport. Nous avions pu les faire sans inconvénient, tant que nos livres n'étaient destinés qu'à la seule province d'Aix. Car il est de notoriété publique que dans ces diocèses on ne chante jamais le *Graduel*, et qu'on se borne, pour les *Traits*, aux trois ou quatre premiers versets. Nous devions réparer ces omissions, dès l'instant que nos livres se propageaient dans la France.

en 1578 , par G. Chaudière ; 2º dans l'édition d'Aimé de la Roche, Lyon , 1765 ; 5º dans plusieurs livres édités à Rome, dans ces derniers temps , par l'imprimerie de la Propagande ; 4º dans les éditions de Nivers ; 5º dans plusieurs éditions modernes. L'édition de Rome de 1614-15 donne aussi beaucoup moins de notes brèves, que celles qu'on nous oppose.

Indépendamment de ces autorités , il serait facile de démontrer que le système de notes égales , était le seul reçu dans l'origine ; que Guido d'Arezzo n'en établit point d'autre en introduisant sa précieuse réforme; que ce ne furent que les progrès successifs de la musique figurée, qui firent peu-à-peu tomber en désuétude le chant à notes égales. Ne pouvant ici entrer dans ces détails , nous renvoyons aux ouvrages des savants musicographes modernes qui ont traité à fond cette question, et surtout de MM. Adrien de la Fage et Fétis. Ce dernier, dans son *Résumé philosophique de l'histoire de la musique*, parlant de l'époque de saint Grégoire, dit : *L'égalité des sons musicaux s'établit si bien alors, qu'il n'apparaît pas un seul signe de durée dans tout le Chant des Antiphonaires et des Graduels qui sont parvenus jusqu'à nous, depuis le huitième siècle jusqu'a la fin du treizième. L'habitude était si bien établie à cet égard que ce ne fut pas sans peine qu'on revint au chant prosodié , et que beaucoup de personnes éminentes dans l'Église , crurent qu'un chant de cette nature n'aurait pas la dignité convenable au service divin* (page 175.)

Si on nous demande encore après ces témoignages les motifs de notre préférence, nous répondons : 1º Que le plain-chant s'exécute ainsi partout et depuis longtemps, et surtout dans les églises où le plain-chant de l'Abbé Le Bœuf est implanté. Le fait est constant, et tous les arguments qu'on pourrait nous opposer, ne le détruiront point ; 2º c'est que le chant à notes mêlées, pour être exécuté avec justesse et précision , exige des voix flexibles et exercées. Or, qu'avons-nous pour l'ordinaire dans nos villes et nos campagnes ? Des chantres à lourdes et grosses voix qu'ils trainent avec la lenteur des tortues, ou qu'ils précipitent sans goût et sans principes. — Au surplus, L'édition de Digne admet trois espèces de notes : la longue ou queutée ▪ ; la commune ou brève ▪ ; la losange ou semi-brève ▪. Tout groupe de notes descendantes est précédé d'une note queutée : il est donc aisé au chantre de couler plus rapidement sur les notes suivantes, et on le fera si on sait distinguer la valeur réelle de chaque note, et si on se

souvient surtout que le rithme grégorien n'est pas dans la notation,
mais tout entier dans le goût, dans l'âme, dans le sentiment du chanteur.

Quelques critiques ont trouvé mauvais que l'édition de Digne
ait donné les Rubriques en langue française. Plusieurs éditions du
Graduel et du *Vespéral* Romain avaient déjà ces rubriques en français pour la plus grande commodité des chantres ; trouver cela mauvais,
c'est ne point connaître ce que sont presque toutes les paroisses de
campagne. Ainsi, ce que ces critiques condamnent, l'immense majorité
l'approuve.

Nous n'indiquerons ici, que pour mémoire, certaines assertions
que nous nous garderons de qualifier, mais dont le public a déjà fait
justice. Tantôt la Commission de Digne n'était qu'un être idéal, fantastique ; tantôt l'édition de Digne n'était qu'une reproduction servile
d'une méchante édition, une œuvre intéressée de librairie, faite sans
contrôle et sans examen, et réprouvée par les Prélats de la Province.
Nous ne répondrons pas à de pareilles attaques.

Nous croyons avoir répondu à toutes les objections, en disant que
notre livre donne plus correctement le Plain-Chant traditionnel et
usité depuis bien des siècles dans toutes les églises de France. On
l'a chanté jusqu'à ce jour, sans remarquer ses prétendus défauts, et il
a fallu la prétention des réformateurs modernes pour les mettre au jour.

Mais, ajoute-t-on, ce chant est trop simple, trop dénudé Nous répondons : tant mieux ; car plus le chant est simple, d'une exécution facile,
plus il deviendra populaire. Et n'est-ce pas le plus beau spectacle que
celui de toute une population réunie aux pieds des autels, et chantant
d'une commune voix les louanges du Très-Haut? Quel spectacle plus
triste, au contraire, que celui que présentent certaines églises au
jour d'une solennité! Voyez ! trois ou quatre chantres savent seuls
lire dans ces grands livres ; toute l'assemblée est muette. Donnez
maintenant à cette même assemblée, le chant de ses pères, et vous
verrez s'opérer presque subitement un changement remarquable. Hé
quoi ! la science du Plain-Chant est-elle assez répandue de nos jours,
pour la rendre plus difficile encore? Le zèle des fidèles dans les villes
comme dans les campagnes, n'est-il pas assez refroidi sans chercher à
le comprimer encore par de nouvelles difficultés dans l'exécution du
chant ? Le clergé lui-même, tout pieux et savant qu'il est, possède-t-il assez la connaissance du chant sacré pour l'assujetir à de nouvelles
formules mélodiques? On ne tient pas assez compte de nos jours de
ces vérités pratiques.

Pourquoi, nous dit-on enfin, n'avoir pas compulsé les manuscrits du moyen-âge, véritables reliques du Chant Grégorien?

Nous répondons : ceux qui les ont compulsés, et qui ont voulu ou prétendu les reproduire, ont fait une œuvre stérile, inexécutable, et reprouvée par les hommes les plus éclairés et les plus compétents en cette matière. Nous avons déjà cité MM. Duval et Danjou, écoutons maintenant le savant M. Adrien de la Fage : « Songer à remettre en vi-
» gueur le chant des manuscrits, c'est tirer un cadavre de la tombe et
» l'apporter en société d'hommes vivants et bien portants; c'est prétendre
» que l'on converse avec lui, qu'on réponde à ce corps mort qui n'a
» plus l'existence et la parole. J'ose prédire que partout où un tel
» plain-chant sera introduit, il sera mal exécuté, d'abord par suite
» du changement d'habitudes et de la difficulté de la lecture, mais sur-
» tout parce que cette innovation rétrograde ne substitue rien d'avan-
» tageux à ce qui existe (page 104.) Si je ne craignais d'être traité
» de prophète de malheur, je pourrai manifester une malencontreuse
» prévision et entrevoir que les diocèses qui ont adopté ce plain-chant
» RECARRELÉ A VIEUX, ne tarderont pas à se repentir d'avoir agi avec
» irréflexion. » (*De la reproduct. des livres de chant Romain.*)

Le savant abbé Baini, si compétent en ces matières, soutenait que pour arriver à une restauration pratique et intelligente du chant ecclé-siastique, « il ne fallait point recourir uniquement aux manuscrits,
» mais confronter les meilleures éditions de chant avec les manuscrits
» reconnus bons, et dont l'écriture ne laisse rien à désirer, sans
» jamais songer à réintégrer dans le plain-chant actuel, LES INSUP-
» PORTABLES REDONDANCES dont la mélodie était bigarrée dans les
» anciennes copies. » (*Ibid.*)

Ne pourrions nous pas ajouter encore qu'il est à craindre qu'on ne se fourvoie dans le choix des manuscrits du moyen-âge. Que n'a-t-on pas dit et écrit sur le fameux manuscrit de Montpellier ?... Tout ce fracas de paroles et d'écrits a abouti à ne faire reconnaître, dans cette précieuse relique, qu'un *Tonarium* du onzième siècle environ. Il y a loin de là aux assertions émises, que l'*Antiphonaire* de Montpellier était une copie authentique du chant de saint Grégoire. Il en sera probablement de même de quelques autres manuscrits; attendons que la science et la critique ait dit son dernier mot. N'est-il point à craindre encore qu'en voulant traduire l'écriture indéchiffrable des plus anciens manuscrits, de celui même de Montpellier, on ne tombe dans l'arbitraire, dans de véritables énormités. Au lieu de donner alors une copie fidèle, on donnera une version mutilée, inexacte, imparfaite et imprimée d'après le goût particulier des éditeurs.

Concluons donc que quand l'Édition de Digne sera mieux connue, qu'elle sera jugée avec calme et impartialité, on reconnaitra que la Commission a fait une œuvre utile, et que son éditeur a bien mérité du clergé en livrant ces livres à des prix si modérés.

Nous engageons, du reste, les amateurs à lire avec soin l'excellent livre publié tout récemment par M. Adrien de La Fage, l'un des musicographes les plus distingués de notre époque, sous ce titre modeste *De la reproduction des livres de Plain-Chant romain.* Nous n'oserions répéter, même après lui, les vérités cruelles qu'il accumule contre les éditeurs des livres de Plain-Chant de Reims et de Cambrai. Au reste, la Commission de Reims et de Cambrai nous fournit elle-même un témoignage bien précieux à ce sujet, le voici : « Nous » l'avouons, ce chant (de l'édition Lecoffre), pour être parfaitement » exécuté, réclame un exercice plus suivi, des efforts plus constants » pour adoucir la voix, de l'attention pour observer les repos et la » valeur des notes, du goût même pour donner à ces notes l'expres- » sion et l'intensité convenables, TOUTES CHOSES QUE N'EXIGE PAS LE » PLAIN-CHANT ACTUEL. » (*Mémoire sur la Nouvelle Édition,* etc. page 76.) Qu'ajouter à ce témoignage ? Rien, car il dit assez clairement que ce n'est point là le chant qu'il faut à nos populations.

(Suit le Tableau.)

TABLEAU COMPARATIF

*De quelques fragments pris au hasard dans quelques-unes
des Éditions que nous avons sous les yeux.*

QUATRIÈME DIMANCHE DE L'AVENT.

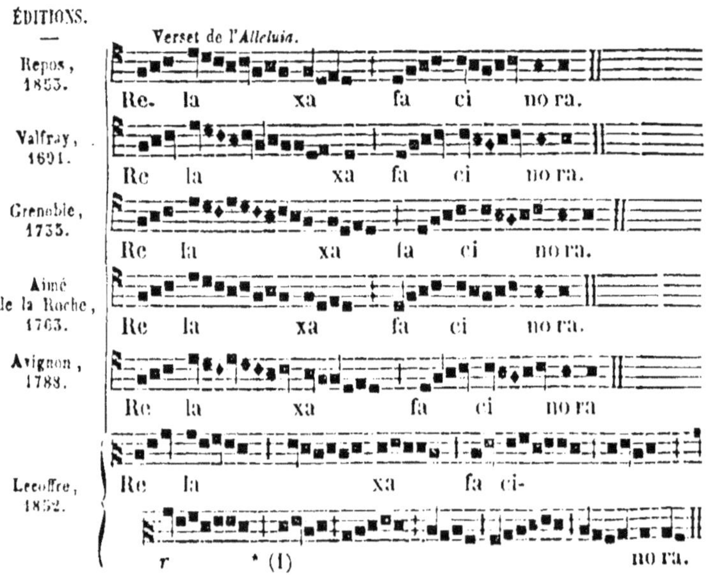

(1) Ce signe *r* * indique la répétition du *neume*,

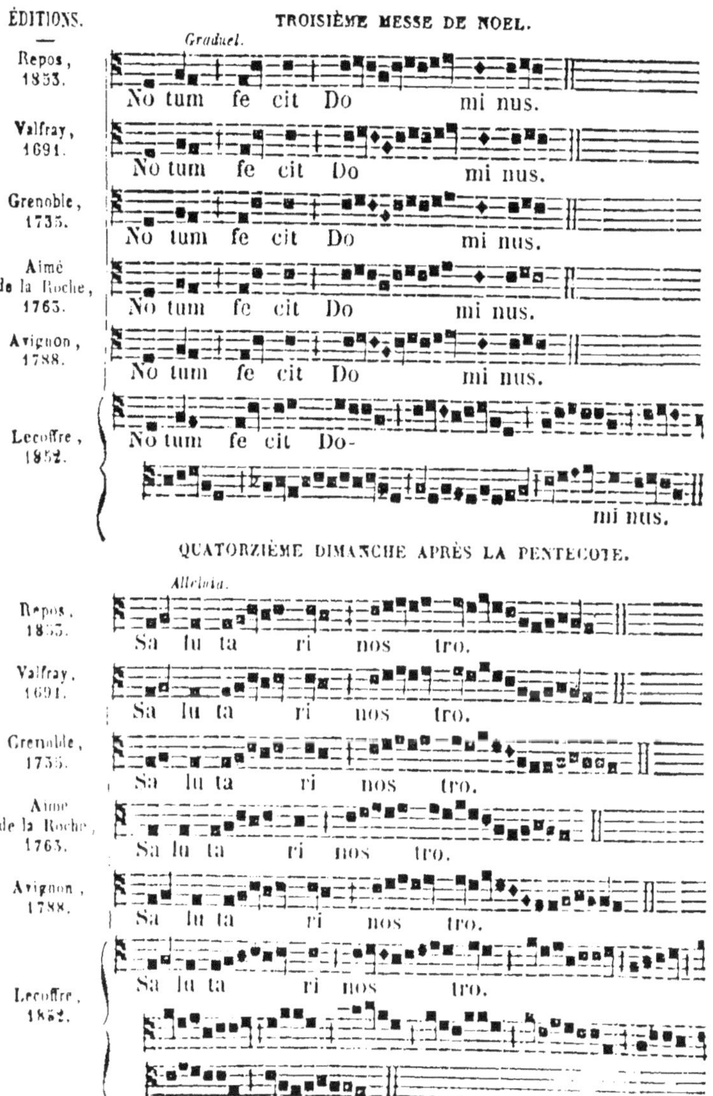
ÉDITIONS.
TROISIÈME MESSE DE NOEL.
Graduel.
Repos, 1853.
No tum fe cit Do mi nus.
Valfray, 1691.
No tum fe cit Do mi nus.
Grenoble, 1735.
No tum fe cit Do mi nus.
Aimé de la Roche, 1763.
No tum fe cit Do mi nus.
Avignon, 1788.
No tum fe cit Do mi nus.
Lecoffre, 1852.
No tum fe cit Do- mi nus.
QUATORZIÈME DIMANCHE APRÈS LA PENTECOTE.
Alleluia.
Repos, 1853.
Sa lu ta ri nos tro.
Valfray, 1691.
Sa lu ta ri nos tro.
Grenoble, 1735.
Sa lu ta ri nos tro.
Aimé de la Roche, 1763.
Sa lu ta ri nos tro.
Avignon, 1788.
Sa lu ta ri nos tro.
Lecoffre, 1852.
Sa lu ta ri nos tro.

CONCLUSION.

—

Nous avons cherché à faire ressortir les avantages et les améliorations de l'édition des livres de chant publiés à Digne. Nous en avons développé le plan et la division. Nous l'avons justifiée des attaques trop injustes et trop incessantes, dirigées contre elle par l'esprit de rivalité et de concurrence. Nous nous sommes dit, avec de graves et savants auteurs, qu'il est fâcheux de voir qu'on s'engage, de nos jours, dans la difficile question du chant Grégorien, en s'appuyant uniquement sur les MANUSCRITS. Cette marche, ne nous semble ni rationnelle, ni légitime, et nous avons la conviction qu'elle causera plus d'un regret à ceux qui la suivent, d'ailleurs, avec autant d'ardeur que de bonne foi. Nous avons élevé notre faible voix à notre tour, espérant pouvoir éclairer encore les décisions pendantes dans plusieurs diocèses. C'est le but que nous nous sommes proposé, puissions-nous l'atteindre ! Nous aurons contribué alors bien puissamment à assurer la réalisation des vœux les plus ardents de tous les prélats français : UNITÉ DANS LA LITURGIE, UNITÉ DANS LE CHANT.

Daignez agréer, Monseigneur, l'hommage du profond respect avec lequel nous sommes,

De VOTRE GRANDEUR,

Les très-humbles et obéissants serviteurs,

FREUD, *Chanoine* ; GASTINEL, *Chanoine* ; AUDEMARD, *Chantre, Aumônier des Prisons* ; FÉRAUD, *Curé des Siéyes, Membre de plusieurs Sociétés savantes* ; PLÉSENT, *Aumônier du Couvent des Ursulines* ; AUBERT, *Prêtre, Organiste de la Cathédrale* ; VENTRE, *Chantre, Directeur de la Maîtrise* ; ALPHONSE, *Secrétaire de l'Évêché* ; BAYLE, *Professeur de la Maîtrise.*

Digne, le 25 janvier 1853.

Vu et permis d'imprimer :

† **MARIE-JULIEN**, *Év. de Digne.*

§ II.

Nous joignons au Rapport de la Commission un brief extrait du N° 10, année 1853, de la *Revue des Bibliothèques paroissiales de la Province d'Avignon*. Le savant M. Jouve, après un exposé lumineux et scientifique, traite de la question pratique du choix d'une édition nouvelle. Il représente celle de Digne comme donnant le chant pratique, traditionnel des meilleures éditions du dix-septième siècle, dont il avait fait auparavant l'éloge. « Voulant m'assurer par moi-même, dit-» il, de la vérité du fait, j'ai compulsé avec atten-» tion trois grands *in-folio* d'Antiphonaires et de » Graduels, qui servaient au Chapitre de la » Cathédrale de Valence, peu d'années avant la » révolution.... Ils sortent des presses de Valfray » et sont revêtus chacun d'une approbation de » Mgr de Neuville, archevêque de Lyon, qui » atteste qu'ils ont été collationnés fidèlement » sur des exemplaires édités à Rome, ce qui » offre déjà une précieuse garantie d'exactitude » dans la reproduction du chant autorisé par » cette Église. Après ce long travail de compa-» raison, NOUS POUVONS AFFIRMER que l'édition de » Digne n'est que l'exacte copie de celle de » Ballard (Paris), et de celles de Lyon et d'Avi-» gnon, qui se ressemblent parfaitement. » (*Revue*, page 463.)

Un pareil témoignage nous est trop précieux pour que nous le passions sous silence. Écoutons la conclusion de son bel article. « Enfin, le chant » édité à Digne est préférable aux autres à cause » des grands travaux dont il a été l'objet, parce

» qu'il existe depuis des siècles; parce qu'il est
» sorti avec avantage d'une épreuve aussi longue,
» aussi décisive; parce que les nouveaux travaux
» de la récente édition qui lui est consacrée per-
» mettent d'y introduire *hic et nunc* toutes les cor-
» rections désirables. Or, ce serait vainement
» qu'on oserait espérer dans l'avenir une édition,
» n'importe laquelle, qui réunit tant de condi-
» tions morales et matérielles d'une bonne et
» économique exécution (*ibid.* p. 466.) Cette édi-
» tion mérite donc la préférence, cela d'autant
» mieux, que, dans notre midi, les traditions
» du chant romain ne furent jamais entièrement
» perdues et qu'elles sont encore vivantes. »
(*Ibid.* p. 474.)

Dans une lettre sous la date du 21 octobre
1853, rendue publique avec l'autorisation de
son auteur, le savant musicographe se plaît à
rendre le témoignage suivant sur les membres
de la Commission de Digne. « Elle est formée de
plusieurs membres du Chapitre et d'autres prê-
» tres, tous familiarisés avec la théorie et la pra-
» tique du Plain-Chant, qui, depuis trois ans,
» ont la patience de se livrer journellement à
» l'étude et à la comparaison, note pour note,
» des meilleurs livres de chant des dix-septième
» et dix-huitième siècles, et d'en vérifier scru-
» puleusement les épreuves, *n'ajoutant rien du*
» *leur,* et se contentant, dans le doute, de s'en
» tenir fidèlement à l'édition qui leur offre le
» plus de garantie. Les éditions d'ailleurs, ainsi
» que nous en avons déjà fait la remarque, ne
» présentent que peu de variantes entre elles....
   » Il serait difficile, pour ne pas dire impos-
» sible, de trouver, dans une grande ville, des
» chanoines et des prêtres qui eussent le loisir

» ou la volonté persévérante de se livrer à un
» labeur aussi pénible, aussi minutieux et fasti-
» dieux, sans d'autre mobile que celui du bien.
» C'est là un dévouement et un zèle désintéres-
» sés qui semblent être d'un autre âge. Mgr l'évê-
» que de Digne, qui est lui-même très-versé
» dans la théorie et la pratique du plain-chant,
» et de plus, musicien, préside la commission
» en personne, et le concours utile qu'il veut
» bien lui prêter est une haute garantie pour ses
» travaux. Je ne sache pas qu'il en existe en
» France une seconde qui offre tant de titres à
» la confiance publique, et qui réunisse autant
» d'éléments de succès. Aussi, après avoir assisté
» à plusieurs de ses séances, ai-je pris la réso-
» lution de la faire connaître, aussitôt que je
» le pourrais, par tous les moyens de publicité
» qui seraient mis à ma disposition. »

On est maintenant pleinement édifié sur la
manière dont les livres de Digne ont été prépa-
rés. Nous avons hâte d'arriver aux réflexions
émises contre nos livres en 1856, par M. Th.
Nisard. Si, comme nous le croyons, il nous est
possible de les justifier, nous aurons répondu à
toutes les attaques dirigées jusqu'à ce jour contre
l'œuvre immense à laquelle nous nous sommes
voué.

§ III.

Dans le chapitre septième des *Études sur la
restauration du chant Grégorien*, M. Nisard s'ex-
prime de la manière suivante.

« Je n'ai presque rien à dire de l'édition de
» Digne. Elle est récente, mais on ne peut pas
» l'offrir au public comme une entreprise litur-

» gico-musicale, faite pour soutenir une légi-
» time concurrence contre les publications du
» même genre qui ont paru de nos jours (1). Cette
» édition me paraît mal conçue et mal exécutée.
» Le fond du chant y est conforme, sans doute,
» à nos vieux livres français de Chant Romain ;
» mais l'impression typographique est loin d'en
» être satisfaisante.

» En effet, pas de marque d'accentuation dans
» la psalmodie ni dans les autres textes qui, ne
» portant aucune notation, doivent cependant
» être chantés ; pas de barres après chaque mot
» dans la mélodie, système reconnu mauvais ;
» pas de dominantes indiquées pour la transpo-
» sition facile des morceaux ; pas de traits d'u-
» nion entre les syllabes d'un mot, lorsque
» celles-ci sont disjointes, sinon, on ne sait
» pourquoi, à la fin de chaque ligne ; division
» des syllabes en dépit des règles les plus élé-
» mentaires, comme, par exemple : *ves ti men to,*
» *jus ti ti a*, *Chris tus*, *Sanc tus*, *in di gnè*,
» *pro tec tor, i ni qui, dis ci te, ves ter, as pi ce,*
» *in tel lec tus, ad stat, si cut*, etc., etc., et
» mille autres choses toutes contraires aux pres-
» criptions reçues, et invariablement suivies par
» M. Repos, comme des certitudes grammati-
» cales ; notation entremêlant, d'une manière
» très-bizarre, dans les groupes ou ligatures mé-
» lodiques, les notes à queue et les notes carrées ;
» nulle indication de pauses plus ou moins sen-

(1) M. Nisard nous apprend dans ses *Études* qu'il a donné ses soins à l'édition imprimée chez M. Vatard, à Rennes en 1853, et à celle qui parut à
Paris en 1854-55, chez M. Adrien Le Clere. La première n'est autre que
l'édition de Nivers, la seconde celle de Douillier (Dijon.) Ce sont ces publications qu'il veut désigner ici. Par suite de leur origine distincte et de leurs
éditeurs distincts, ces livres présentent de nombreuses dissemblances. Nous
n'en ferons point un crime à leur auteur.

» sibles dans le chant ; nulle séparation dans les
« longues séries de notes placées sur une seule
» et même syllabe du texte ; nul souci d'amélio-
» rer l'exécution des cantilènes liturgiques ;
» typographie plate et vieillotte, plus rapprochée
» des origines de l'imprimerie que de l'art mo-
» derne ; tout contribue, en un mot, à nous
» faire dire que ceux qui ont aidé de leurs con-
» seils l'estimable M. Repos, ont laissé cet
» éditeur dans une voie rétrograde.

» Des livres comme ceux de l'éditeur de Digne,
» fussent-ils vendus à vil prix, coûteraient tou-
» jours trop cher, si l'on compte pour quelque
» chose l'amélioration, le progrès et le triomphe
» du Plain-Chant Romain.

» M. Repos ne peut être placé qu'immédiate-
» ment au-dessus de M. Gauffari de Turin.

» Je me résume, l'édition de Digne *est bonne
» en principe*, généralement du moins ; mais elle
» est et sera toujours un sérieux obstacle aux
» réformes pratiques que *nous* proposons, et que
» *nous* croyons être la seule planche de salut du
» Chant Grégorien en France, et, par suite,
» dans le monde catholique tout entier.

» M. Repos est un homme de bien, agissant
» en conscience dans le sens de la bonne cause ;
» il est des nôtres, mais il faut qu'il s'inquiète
» davantage des intérêts sérieux du chant de la
» liturgie, qu'il redouble d'efforts, et que, bien
» guidé, il entre avec courage dans la voie de
» la vérité.

» Les hommes honorables qui lui ont donné
» des conseils, et que nous estimons singuliè-
» rement, ont certainement agi sous l'empire
» d'idées qu'ils croyaient bonnes et utiles ; peut-
» être aussi n'avaient-ils pas toute la liberté
» désirable d'action.

» Soyons justes, et en présence de cette simple
» hypothèse , qui est fort possible , rendons
» hommage à la sagesse qu'ils ont montrée en
» évitant les innovations aventureuses, et enga-
» geons-les à nous prêter leurs concours dans
» toutes les réformes que *nous* proposons et que
» l'on reconnaîtra légitimes. »

Nous avons reproduit textuellement les paroles de notre adversaire. On nous saura quelque
gré de notre franchise. A nous maintenant d'examiner tous les griefs qu'on nous impute , et
qui évidemment sont empreints de quelque
exagération.

§ IV.

On aura reconnu sans peine que le grief fon-
damental, celui qui domine tous les autres et
les réunit, est le suivant.

« L'édition de Digne est et sera toujours un
» sérieux obstacle aux réformes pratiques que
» nous proposons , et que nous croyons être la
» seule planche de salut du Chant Grégorien en
» France, et par suite, dans le monde catholique
» tout entier. » Cet argument réduit à sa plus
simple expression n'est autre que celui-ci : *nous
proposons des réformes; or les livres de Digne n'ont
point accepté ces réformes. Donc ils sont mauvais,
mal conçus et mal exécutés.* La conclusion est
logiquement déduite des prémisses.

Qu'il nous soit permis de répéter ici ce que
répondait un paysan , dans sa naïve simplicité,
à l'avocat de sa compartie qui venait de faire un
magnifique plaidoyer : « Monsieur, vous venez
de faire un beau pont, mais vous l'avez fait en-

delà de l'eau. » L'avocat avait plaidé en-dehors de la question.

L'auteur des *Études* juge à faux. En effet, il pose en principe qu'en fait de restauration du Plain-Chant Grégorien, on doit tenir compte des *améliorations et des réformes pratiques* qu'il propose, sous peine de faire une œuvre *rétrograde*, que l'on doit s'empresser tout d'abord de rejeter et de refouler vers les premiers âges de l'imprimerie. Or, ces innovations dans la forme et ce progrès dont il aime à s'établir comme le principal moteur, comme le centre autour duquel il appelle le concours de la Commission de Digne, ne paraissent point encore solidement établis. Bien des hommes, dont on ne peut contester le talent et l'érudition, pensent même qu'il faut en principe garder le plus scrupuleux respect pour la tradition, selon ce vieil adage : *nihil innovetur nisi quod traditum est*, non-seulement sur les points essentiels du dogme ou de la discipline, mais même sur ce qu'il y a de moins important et de variable de sa nature.

En attendant donc que les réformes pratiques, que propose l'honorable auteur, soient reconnues nécessaires, indispensables, nous répondons :

Vous nous avertissez bien, Monsieur, que vous portez en vous l'*étoffe d'un innovateur*. Vous nous dites aussi : « Je crois avoir ouvert une voie » nouvelle : qu'on y entre donc avec ardeur et » sans préjugés. » *(Études, page 20.)* De bonne foi, Monsieur, comment vouliez-vous que l'on entrât dans une voie qui n'était point encore ouverte par vous. Le pouvions-nous, tant qu'il ne vous avait pas plu de manifester vos propositions ? c'est nous alors, qui aurions ouvert une voie nouvelle, et vous ne pourriez point vous en réserver la gloire. Vous semblez oublier que les livres de Digne ont été publiés en 1852, c'est-à-dire, quatre ans environ avant l'apparition de vos *Études* en 1856. Cette distraction de votre part, ne peut que paraître étonnante ; néanmoins nous ne l'incriminerons pas trop ; mais elle nous explique pourquoi vous débutez de la manière suivante : « **Je n'ai presque rien à dire** » de l'édition de Digne. Elle est *récente.* »

Vous vous posez en innovateur, libre à vous, Monsieur ; vous eussiez dû pourtant préciser soigneusement le caractère de ces innovations qui sont *la seule planche de salut pour le Chant Grégorien.* Vous nous laissez dans le vague ; vous discourez sur les immenses difficultés qu'offre l'œuvre de la réhabilitation du chant liturgique ; vous répétez sans fin que l'on n'est point fixé encore sur la nature même de la phrase grégorienne ; qu'il reste à résoudre beaucoup de questions épineuses, et notamment, celles qui ont rapport à l'*accentuation*, à la *rhythmique* et à la *métrique ;* qu'il faut vérifier l'exactitude et la convenance des coupures mélodiques faites au seizième et dix-septième siècles ; qu'il faut créer tout un système de moyens pratiques qui puissent permettre aux chantres de chanter le latin comme s'ils le comprenaient ; que la typographie se trouve en face de difficultés fort sérieuses pour bien diviser les syllabes dans les livres choraux. Tout cela est bel et bon : mais de votre aveu tout cela demande du temps, beaucoup de temps, et le concours de tous les érudits auxquels vous faites un *loyal* appel. Et parce que les honorables membres de la Commission de Digne, en attendant que la science ait dit son dernier mot et posé des règles sûres et précises, ont respecté la notation usuelle de nos anciens livres, se contentant de l'expurger des fautes qu'on y trouve, et de la rendre plus simple, plus populaire, vous proclamez sans détour qu'ils *ont laissé leur éditeur dans une voie rétrograde!*

Un tel raisonnement n'est ni solide, ni fondé sur l'équité. L'amour de la vérité vous obligeait à confesser qu'on avait apporté dans ces livres des sages innovations, des nombreuses améliorations. Qui, mieux que vous, pouvait rendre ce témoignage? Vous avez compulsé, étudié nos anciens livres choraux avec tant de soin, vous avez dû encore examiner nos propres livres avant d'en parler, il vous était donc impossible de ne point reconnaître qu'on avait fait mieux. Loin donc d'être restés dans *une voie rétrograde*, l'éditeur et la Commission de Digne sont entrés, les premiers, dans *une voie de progrès*. D'autres ont élargi ensuite cette voie, nous vous l'accordons; mais ne nous faites point un crime de ne les avoir point prévenus et précédés.

Dirons-nous encore que dans nos églises du Midi, où les traditions romaines se sont maintenues sans interruption, on a toujours chanté et l'on chantera probablement longtemps encore, sans indication de dominante, sans traits d'union entre les syllabes d'un mot, sans le système de barres, etc., etc., ce même chant que nos livres ont reproduit. Je ne sache pas que ni la Religion, ni l'Église aient eu beaucoup à souffrir de cet état de choses. J'ignore même les heureux résultats que la Religion et l'Église en ont retiré dans les diocèses qui ont adopté les livres de Rennes et de Paris.

Si du jugement porté à faux sur les livres de

Digne, nous passons à ce que M. Nisard dit
de la Commission elle-même, nous ne trouvons pas des arguments plus solides. Écoutons-le:
« Tout contribue à nous faire dire que ceux qui
» ont aidé de leurs conseils l'estimable M. Repos,
» ont laissé cet éditeur dans une voie rétro-
» grade. » Un peu plus bas il ajoute comme
correctif : « Les hommes honorables qui lui ont
» donné des conseils, et que nous estimons sin-
» gulièrement, ont agi certainement sous l'em-
» pire d'idées qu'ils croyaient bonnes et utiles.
» Peut-être aussi n'avaient-ils pas toute la liberté
» désirable d'action.

» Soyons justes, et en présence de cette simple
» hypothèse, qui est fort possible, rendons hom-
» mage à la sagesse qu'ils ont montrée en
» évitant les innovations aventureuses, et en-
» gageons-les à nous prêter leurs concours dans
» toutes les réformes que nous proposons. »
Nous le disons avec regret: l'artifice et la poli-
tesse du langage de notre habile contradicteur,
ne saurait masquer la faiblesse d'un tel raisonnement. Nous ne relèverons point ce que pourrait
avoir de blessant l'hypothèse que l'on formule
fort gratuitement. Nous ferons simplement remarquer encore que si la Commission de Digne
a laissé M. Repos dans une voie rétrograde, c'est
parce qu'elle a agi sous l'empire d'idées qu'elle
croyait bonnes et utiles. Or, quand des hommes
honorables sont poussés par ce mobile, ils
doivent, jusqu'à preuve du contraire, éviter
d'entrer dans une voie qui, à leurs yeux, n'est
point impérieusement réclamée pour la bonne
exécution du chant liturgique. Fidèles à leur
mission et au programme qu'ils se sont tracés,
ils doivent publier des éditions simples, faciles,

dégagées de tout fatras scientifique, et en rapport avec les traditions immémoriales sanctionnées par l'Église elle-même. Avant donc de condamner leur œuvre, sous le spécieux prétexte que la forme, sous laquelle elle est donnée, laisse quelque chose à désirer, il faut s'enquérir avant tout et surtout du fond même de l'œuvre. M. Nisard dit bien en termes laconiques, *le fond du chant y est conforme à nos vieux livres français; l'édition de Digne est bonne en principe;* mais il ajoute incontinent : *on ne peut l'offrir comme une entreprise liturgico-musicale, faite pour soutenir une concurrence légitime contre les publications du même genre qui ont paru de nos jours.* C'est sacrifier le fond à la forme. Or, un procédé pareil est nonseulement déraisonnable, mais encore injuste.

§ V.

Entrons maintenant dans les détails. D'abord on ne conteste pas que le chant de Digne ait été puisé à la source où l'on voit la *seule planche de salut pour la restauration du Chant Grégorien*, c'est-à-dire, dans nos vieilles éditions françaises. On ne disconviendra point aussi que ce chant offre une telle identité avec le travail de Nivers, publié à Rennes avec les quelques améliorations pratiques, que l'on a jugées nécessaires; que ces deux chants, disons-nous, accusent à l'œil impartial une origine commune. Sous ce point de vue, c'est avec raison que l'on dit : *M. Repos est des nôtres.* Assurément c'est un bien grand honneur pour nous d'être en communauté de travaux avec un auteur aussi profond et aussi distingué. Mais l'amour de la vérité nous oblige à dire que nous ne saurions en tout faire cause commune, et adopter d'une manière absolue sa manière de voir et de discuter. Aussi nos deux chants, que l'on pourrait avec droit appeler *frères jumeaux*, si l'on ne considère que leur origine, ont-ils entre eux, dans la manière dont ils sont présentés et doivent être exécutés, des caractères frappants de dissemblance. Le plus saillant de ces caractères est évidemment le *Rhythme*.

Le Rhythme ! Quel mot avons-nous prononcé ! c'est un ennemi sur lequel vous tirez à boulet rouge, Monsieur, et qui toujours défie votre ardeur guerrière. Que n'avez-vous pas écrit contre le Rhythme ? Que ne vous proposez-vous pas encore d'écrire ? Eh bien, malgré tout cela, il existe encore *plusieurs de ces vieux pécheurs endurcis*, comme vous les appelez quelque part, (et nous avons le malheur d'être de ce nombre,) qui disent et soutiennent, avec un talent incontestable, et avec une force de logique victorieuse jusqu'ici, qu'il y a contre votre opinion sur l'égalité des notes du plain-chant, des sentiments, des témoignages, des preuves et des autorités si formidables que l'on est en droit de juger aujourd'hui que vos paroles et vos écrits vous sont et seront en pure perte.

Il serait trop long de vous énumérer ici tous vos antagonistes sur cette opinion : vous les connaissez mieux que nous. Mais, parmi ces *vieux pécheurs endurcis*, vous pouvez ranger en première ligne, les éminents prélats qui ont approuvé et adopté les Livres de Digne. Avouez, Monsieur, qu'en si bonne compagnie, on est tenté d'attendre quelque indulgence dans le jugement que portera la postérité.

On reproche à l'édition de Digne d'être *mal*

conçue, *mal exécutée*, d'abord parce qu'elle ne donne « pas des marques d'accentuation dans la » Psalmodie, ni dans les autres textes qui, ne » portant aucune notation, doivent cependant » être chantés. »

Nous n'avons pas de dénégation à opposer ici; toutefois il eût été bon d'ajouter que les livres de Digne donnent du moins l'accentuation grammaticale que l'on a dédaignée dans les livres de Rennes et de Paris. Ainsi nous écrivons : *In illá die, ejusdem Spiritûs, cùm Dominus venerit, indigné, à morte*, au lieu de : *In illa die, ejusdem spiritus, cum Dominus venerit, indigne, a morte*. Quand à l'accentuation dans la Psalmodie, nous ne l'avons pas rejetée tout-à-fait, puisque nos livres, grand et petit in-folio pour lutrin, la donnent. Je vous dirai même que la quatrième édition in-12 que je prépare la donnera pareillement et dans la psalmodie et dans les autres textes dont vous parlez.

« 2° Pas de traits d'union entre les syllabes » d'un mot, lorsque celles-ci sont disjointes. » Ce reproche ne retombe point sur la seule édition de Digne; nous pourrions en désigner d'autres parmi les anciennes, fort estimées d'ailleurs, où les traits d'union manquent aussi. Mais cela pourrait ne point paraître une justification.

Nous admettons que dans les livres, qui ont adopté le système de barres après chaque mot dans la mélodie, les traits d'union sont indispensables d'abord pour faire reconnaître et lier toutes les syllabes d'un mot que la notation oblige d'écrire disjointes; ensuite pour éviter que l'on confonde la syllabe finale du mot précédent avec la première du mot suivant.

Dans les livres au contraire qui, respectant

les traditions de tous nos vieux livres, conser-
vent le système de barres après chaque mot du
texte, les traits d'union ne sont point indispensables. On ne saurait en disconvenir. Il n'y a
point à craindre qu'on lie ou qu'on confonde la
syllabe finale d'un mot avec la première du mot
suivant. Et nous voyons que dans les paroisses
rurales du Midi, nos chantres savent très-bien
que toutes les syllabes placées entre deux barres,
quelque disjointes qu'elles soient, ne font ou
n'appartiennent qu'au même mot. Il en est de
même dans les paroisses rurales du Nord. Nous
disons rurales, pour mieux exprimer combien
cela est connu de tous, et combien les habitudes
sont générales en ce point.

Nous avons donc pu sans danger et sans inconvénient écrire :

ve ri tas.

Les livres de Rennes au contraire ont du for-
cément écrire :

ri-tas.

« 3° Division des syllabes en dépit des règles
» les plus élémentaires, comme *Ves ti men to,
Chris tus, Sanc tus*, etc. »

Nous avouons en toute humilité ne pas savoir
faire l'application des règles de la division des syl-

labes aussi parfaitement que le savant M. Nisard.
Il est publiciste, écrivain distingué, et nous ne
sommes que modeste éditeur. Parmi nos devan-
ciers soit anciens, soit modernes, le plus grand
nombre ne paraît point avoir mieux connu ou
appliqué ces mêmes règles, puisqu'ils pèchent en
cela comme nous. Il sera facile de s'en convaincre
en parcourant les diverses éditions antérieures à
la nôtre.

Nous ne discuterons point ici avec lui ; nous
n'examinerons pas même si les livres auxquels il
a donné ses soins sont irréprochables sous ce
rapport. Nous nous bornerons à une simple ob-
servation.

Vous avouerez bien en principe, Monsieur, que
ce qu'il y a de plus important dans un livre de
chant, c'est le *texte* sacré dont le chant n'est
que l'habit, que la forme, et par conséquent que
le chant n'est ici que l'accessoire ; vous avouerez
bien encore que ce même texte sacré a été de
tout temps, dans l'Ancien comme dans le Nouveau Testament, entouré du plus scrupuleux
respect ; tout y était en effet compté par les Juifs,
tout jusqu'aux lettres et marques d'accentuation
et de division, points, virgules... etc.

Vous avouerez bien encore que, dans la simple
lecture et dans la simple écriture des paroles
sacrées, on ne doit pas séparer les lettres d'une
même syllabe ; qu'ainsi, par exemple, il ne serait
pas bien d'écrire de cette manière, à la fin d'une
ligne, une partie du mot suivant : *o- mnia*, mais
qu'il faut écrire *om- nia*.

Or, supposé que ce mot vienne à être noté
dans un livre à la fin d'une ligne, le chant, qui,
nous l'avons dit, n'est que l'accessoire, devra-t-il
avoir assez d'influence sur le texte pour qu'on

puisse écrire ainsi : *o- mnia.* Nous ne le pensons pas, car l'accessoire entraînerait le principal. Or, c'est cependant ce qui a été fait à la page 204 du Graduel de Rennes, Partie d'été, on y trouvera ce même mot ainsi écrit :

et mille autres pareils que nous pourrions vous citer. Il nous semble voir en cela une atteinte évidente et directe à la pureté et à l'intelligibilité du texte sacré.

Au surplus, l'auteur des *Études* qui traite de la manière dont le typographe doit s'y prendre pour bien diviser les syllabes dans les livres choraux, ne dit-il point à la page 235 : « Ici comme » dans toutes les questions précédentes, la typo-» graphie se trouve en face de difficultés fort » sérieuses et dont je sollicite, au nom des édi-» teurs de la liturgie romaine, une solution » prompte et définitive. » C'est reconnaître que les règles de la division des syllabes dans les livres de chant, ne sont encore ni bien précises, ni bien claires, ni admises uniformément par tous les bons éditeurs. Pourquoi donc nous fait-on un si grand crime de n'avoir point adopté, dans tous ces articles de détail, le sentiment, ou si l'on aime mieux, les améliorations que l'on n'a proposé que plusieurs années après nous ? Pourquoi donc, encore une fois, sacrifiant le fond à la forme, conclue-t-on : « l'édition de Digne » est mal conçue et mal exécutée. »

§ VI.

Venons-en aux caractères typographiques que l'on critique avec une persistance affectée. On dit d'abord : « l'impression est loin d'être satis-
» faisante. » Plus loin : « elle est plate et vieil-
» lotte, plus rapprochée des origines de l'impri-
» merie que de l'art moderne. » Enfin, et c'est le coup de grâce : « des livres comme ceux de
» l'éditeur de Digne, fussent-ils vendus à vil
» prix, coûteraient encore trop cher. M. Repos
» ne peut être placé qu'immédiatement au-
» dessus de M. Gauffari, de Turin. »

Que répondrai-je, Monsieur, à ces attaques ? dirai-je que mes caractères d'imprimerie sont neufs ? ce serait audacieusement mentir. Qu'ils ont été empruntés aux ateliers de M. Gaufari de Turin ? Ce serait être en contradiction avec vous-même, puisque vous me faites l'honneur de me mettre immédiatement au-dessus de cet ancien confrère, qui pouvait ne pas être sans quelque mérite. Que dire, que faire ? Le voici. La meil-leure réponse et l'argument le plus péremptoire consiste, et je m'en tiendrai-là, d'abord à vous envoyer, avec cette lettre, un Catalogue de ma librairie, Catalogue fait avec ces mêmes carac-tères, que vous pourrez juger dans leur ensem-ble, et puis de m'en rapporter à la juste impar-tialité de mes lecteurs qui connaîtront et les conditions dans lesquelles se trouve une impri-merie de Province, isolée, au sein des Alpes, de tous les avantages qu'offre l'industrie parisienne, et la destination de mes livres aux églises rurales dont la pauvreté est connue de tous, et les prix auxquels je les ai vendus jusqu'ici.

Qui peut nier en effet que dans tout commerce et dans toute industrie, et à Paris il est aisé de s'en convaincre, le beau, le brillant, le luxueux est inséparable du cher et du ruineux? Qui peut nier que le chef d'une entreprise doit viser avant tout à la rendre propre au but qu'il se propose?

Or, quel était celui que je cherchais à atteindre par mes premières éditions in-12? c'était juste celui de faire une édition à la fois *solide* et *peu coûteuse*: parce que cette édition était destinée surtout aux campagnes de la Province, dont les ressources sont si minimes. Or, ces deux conditions de *solidité* et de *bon marché*, je crois les avoir remplies.

Enfin, je terminerai en vous rappelant ici, Monsieur, que la Commission des Livres, à l'Exposition universelle, a fait l'examen le plus minutieux de ces mêmes Livres, et qu'après avoir tout pesé et discuté, elle m'a fait l'honneur de m'accorder une *Mention honorable* pour leur *exécution irréprochable* et *leur bon marché*. Devant un témoignage si flatteur, je puis me consoler des amabilités qui sont à mon adresse. D'autres pourront penser que c'est pour nuire à mes intérêts, que vous avez ignoré ou feint d'ignorer les conditions de mon œuvre : œuvre avant tout de dévouement chrétien, et non de luxe mondain ou de sordide intérêt; œuvre à laquelle ont pris part, avec tant de joie et d'énergie, tous les bras de mon atelier, parce qu'on la savait encouragée par tout ce qu'il y a chez nous de gens honorables et pieux; œuvre, par conséquent, vraiment apostolique, au succès de laquelle j'ai voué tout ce qu'il y a en moi de force et de vie, et que je défendrai jusqu'à mon dernier soupir.

§ VII.

Après avoir répondu aux attaques dirigées
contre l'édition de Digne, dans le livre des *Études*,
nous devons relever encore certaines allusions
peu bienveillantes, pour ne point dire hostiles,
que le même auteur s'est permises dans le N° 9
de la *Revue de Musique* (Livraison de septem-
bre 1856); ce N° contient une réponse fort remarquable du reste, à M. l'abbé Cloët, en voici un
extrait :

  « Je vous admire, ou plutôt vous m'étonnez,
» lorsque…. vous dites qu'*au milieu du choc de
» prétentions diverses dans lequel les éditeurs, ou-
» vertement ou d'une manière latente, jouent un
» rôle trop important, on vous presse de faire enten-
» dre un langage désintéressé à* Mgr l'Archevêque
» de Paris! »

  » Ceci est grave. Monsieur l'Abbé, je vous
» crois désintéressé dans la question, vous l'êtes
» bien certainement, mais au moins ne le dites
» pas vous-même, et surtout n'accusez point *les
» éditeurs* en masse, au moment même où vous
» recommandez si chaudement les livres de l'offi-
» cine (*sic*) de MM. Lecoffre et Cⁱᵉ

  » Quand vous dites que les éditeurs jouent ici,
» *ouvertement* ou *d'une manière latente, un rôle
» trop important,* on est en droit de vous deman-
» der les noms de ceux à qui vous faites si
» cruellement allusion.

  » Pour moi, Monsieur l'Abbé, je ne les connais
» pas, je ne sais point ce qui se passe au sein
» de la Commission parisienne, j'ignore même
» tout-à-fait les efforts des éditeurs, pour appuyer
» leurs prétentions auprès de Mgr l'Archevêque

» de Paris ; mais je puis vous déclarer, à la face
» de la France entière, que **M.** Vatar a trop de
» conscience et de dignité personnelle pour s'a-
» baisser jamais au rôle indigne de *cabaleur* et
» d'*intrigant*. Il respecte la *liberté d'action* que
» doivent avoir MM. les membres de la nouvelle
» Commission. Aussi n'a-t-il pas quitté la direc-
» tion de ses ateliers typographiques de Rennes
» pour s'établir à côté de l'Archevêché de Paris
» et *harceler, obséder* ainsi plus facilement la
» Commission. Il attend les événements avec
» calme, après s'être contenté (c'est tout son
» crime !) d'offrir à Mgr Sibour un exemplaire
» de ses éditions de chant, et de mes *Études sur*
» *la restauration du Chant Grégorien*, pour que sa
» Grandeur pût en prendre connaissance et en
» juger.

» Voilà ce qu'a fait M. Vatar, et il est évident,
» Monsieur l'Abbé, que ce n'est point de lui que
» vous avez voulu parler dans votre brochure ;
» mais je tenais à le dire bien haut....

» En ce qui me concerne, Monsieur l'Abbé, et
» en supposant qu'il vous prenne fantaisie de me
» considérer comme un *éditeur*, permettez-moi
» de vous dire que je respecte infiniment aussi
» *la liberté d'action* des membres de la Commis-
» sion parisienne, et que, pour rien au monde,
» je ne voudrais que cette liberté leur fût con-
» testée ou ravie.

» La France catholique a les yeux fixés sur
» cette Commission ; elle en attend quelque chose
» de sérieux, d'impartial et de décisif dans les
» limites posées par Mgr Sibour lui-même.

» Donc, si cette Commission est nommée, si
» elle est à l'œuvre en ce moment, si un sage
» programme est assigné à ses travaux par la

» main vigoureuse qui gouverne l'archidiocèse
» de Paris, c'est incontestablement pour arriver
» à des résultats sérieux, libres, dignes du chant
» sacré, et capables de braver la critique dans
» le présent et *surtout dans l'avenir.*

» Les personnes qui composent cette Commis-
» sion ont une tâche trop belle à remplir, pour
» perdre de vue un seul instant que déjà l'histoire
» reconnaissante s'apprête à buriner leurs noms
» sur les tables d'airain, et qu'elle n'attend, pour
» leur rendre justice, que l'acclamation de la
» religion et de la science !

» J'en ai la certitude, Monsieur l'Abbé : on
» choisira pour l'Eglise de Paris, parmi les va-
» riantes du Chant Romain, *la meilleure, la plus*
» *autorisée, la plus harmonieuse et la plus simple.*

» On restera donc dans les limites de ce pro-
» gramme, parce qu'il est officiel, et l'on s'effor-
» cera de le bien remplir, parce qu'il est empreint
» d'une remarquable sagesse. Comment pourrait-
» on, je vous le demande, ne pas arriver droit
» au but, lorsqu'on a devant soi une route si
» facile à suivre ? et en admettant même que la
» Commission hésitât ou pût hésiter en présence
» de plusieurs bonnes variantes du Chant litur-
» gique, n'est-il pas de toute évidence qu'elle ne
» choisira pas justement *la plus mauvaise ?* Un
» pareil choix n'est pas à craindre, parce que,
» notoirement impossible, il froisserait singu-
» lièrement l'opinion publique, et ne pourrait
» être à ses yeux que le fruit d'un parti pris qui
» n'aurait plus d'influence ni de valeur. Or, je
» le répète ; l'énoncé de ce soupçon est, à lui
» seul, une grossière injure que vous repoussez,
» comme moi, avec indignation, etc. »

On voit aisément que le rédacteur en chef

de la *Revue* veut atteindre trois fins. D'abord il tient à justifier l'éditeur des livres auxquels il a donné ses soins ; 2° il est fort aise de rejeter sur un tiers l'allusion de M. l'abbé Cloët ; 3° il aspire à exercer une pression morale sur la Commission parisienne. Tel est du moins l'impression qu'a produite en nous la lecture de cet article.

Nous ne trouvons pas mauvais que M. Nisard abaisse son talent et son éloquence, à justifier les éditeurs des livres de chant de l'accusation que leur inflige M. Cloët. Mais pourquoi ce soin, cette affectation d'en justifier un seul au détriment de tous les autres ? avait-on attaqué nommément celui de Rennes ? était-il même mis en cause ? on l'a cru sans doute, ou plutôt on a feint de le croire, puisqu'on plaide sa cause avec tant de chaleur et de persistance. C'est le cas de dire que l'on déploie un grand courage pour enfoncer une porte ouverte. Personne en effet, dans une discussion sur la restauration du chant, ne met en jeu la dignité personnelle des éditeurs, mais le mérite intrinsèque de l'œuvre qu'ils publient. Ainsi nul ne fait un crime à l'honorable M. Vatar d'avoir offert à Mgr l'archevêque de Paris, un exemplaire de ses livres, avec accompagnement obligé des *Études sur la restauration du Chant Grégorien*. Néanmoins cet honorable confrère serait le plus ingrat des hommes, s'il ne savait bon gré au rédacteur en chef de la *Revue* de l'empressement et de l'ardeur qu'il a mis à le défendre.

Mais là n'était pas le véritable but ; on le comprend bien quand on remarque que l'on appuye trop particulièrement sur ce que l'éditeur de Rennes n'a point quitté ses ateliers typographi-

ques pour s'établir à Paris, et harceler et obséder ainsi plus facilement la Commission. Et
pourquoi aurait-il quitté ses ateliers? Pourquoi serait-il venu à Paris? Il savait bien qu'il
y avait au haut des Batignolles une sentinelle
vigilante dont l'œil était ouvert sur ses intérêts.
Il savait que le n° 112 de la rue des Dames était
une place forte, d'où l'on battait en brèche et à
boulet rouge, tous ceux qui avaient la trop
hardie témérité de lever le drapeau de la libre,
légitime et loyale concurrence. Il savait que les
écrits d'un homme aussi distingué que l'est l'auteur des *Études*, seraient plus utiles à sa cause,
que toutes les démarches ostensibles qu'il pourrait faire.

Quand donc on se plaît à dire et à redire que
l'éditeur de Rennes n'a point fait tout ce que
l'on énumère à la suite, c'est afin de faire en-
tendre que quelqu'un autre se l'est permis. On
a donc voulu déverser sur celui-ci tout l'odieux
de l'allusion de M. Cloët. Il eût été plus loyal,
plus digne d'un écrivain sérieux de ne point
recourir à de pareils arguments. Or comme cette
allusion cruelle, ainsi qu'on le dit, peut réjail-
lir sur l'éditeur de Digne, il doit à ses lecteurs
de leur expliquer en toute franchise les raisons
de sa présence et de son séjour dans la Capitale.

S'il est à Paris, c'est pour y fonder un grand
établissement de librairie religieuse, dont Dieu
a déjà daigné bénir les prémices; c'est afin de
donner à son commerce, déjà fort étendu, une
extension plus grande encore, et plus en rapport
avec la confiance dont le clergé a bien voulu
l'honorer jusqu'à ce jour; c'est afin d'étudier de
plus près les améliorations à introduire dans ses
ateliers de typographie, et de les réaliser au

moyen des ressources de tout genre qu'offre la Capitale, et qu'il n'eût jamais trouvées au fond des Alpes. Lui ferait-on un crime de quitter momentanément ses ateliers, quand déjà on lui a reproché avec tant d'amertume d'être tant en retard pour l'exécution typographique?... lui ferait-on un crime encore d'avoir soumis ses livres à l'examen du vénérable et à jamais regrettable Archevêque du diocèse de Paris, et de l'honorable Commission nommée par lui? ce que d'autres avant lui et avec lui, ont pu légitimement faire, soit à Paris, soit dans d'autres villes épiscopales, lui seul ne le pourrait sans exciter des clameurs et des récriminations!... D'ailleurs, s'il était vrai, comme on ne craint pas de l'insinuer, que le choix et la détermination de la Commission parisienne fût comme une place qu'il fallut enlever d'assaut, et que pour cela il fallut *presser, harceler, obséder* même, comment trouver mauvais, sans manquer à la justice et aux règles d'une libre concurrence, que tous les autres éditeurs se trouvant à Paris, ou par eux-mêmes ou par des correspondants plus puissants qu'eux : comment trouver mauvais, disons-nous, que celui de Digne soit venu à Paris se mettre sur leurs rangs, et veiller à la propagation de l'œuvre qui lui a été confiée?

Nous protestons au surplus de toute l'énergie de notre âme contre une pareille insinuation. La Commission nommée par Mgr l'Archevêque est composée de personnes si honorables, si distinguées, si éminentes par leur savoir et leurs vertus, que l'on ne peut sans injure et sans crime lui supposer assez de faiblesse pour se laisser circonvenir dans le choix si important qu'elle est appelée à faire.

Il ne nous appartient point de dicter à cette Commission, ni à aucune autre, des règles de conduite. Il nous siérait fort mal de lui jeter à la face la menace *d'une critique aussi clairvoyante qu'impitoyable dans le présent et surtout dans l'avenir*, ou d'essayer l'intimidation de la crainte d'un froissement dans l'opinion publique. Laissons à Nos Seigneurs les Évêques, établis de Dieu pour le gouvernement de son Église, de prononcer en toute liberté dans cette grave question, et accueillons avec respect leurs décisions quelles qu'elles puissent être. C'est là du reste la conduite que l'éditeur de Digne a constamment suivie, et qu'il suivra toujours.

§ VIII.

Nous n'avons eu d'autre but dans cette réponse, que de justifier l'édition de Digne des attaques violentes dirigées contre elle par M. Nisard. Nous avons répondu avec calme et modération; notre défense sera lue sans doute avec quelque intérêt par tout lecteur impartial qui ne cherche qu'à démêler la vérité dans tous les écrits qui traitent de la restauration du Chant Grégorien.

Si M. Nisard a cru devoir, dans l'intérêt de la vérité et du salut du chant liturgique en France, exercer contre nous une critique sévère, d'autres ont cru devoir pareillement censurer sévèrement les éditions auxquelles il a donné ses soins, et en dévoiler les défauts (1). Nous n'avons point voulu nous donner le facile plaisir d'opposer

(1) Le lecteur pourra consulter la brochure publiée par MM. Bogaerts et Duval, sous ce titre : *Quelques remarques à propos des Études sur la restauration du Chant Grégorien par M. Th. Nisard*, Malines, typographie de H. De sain, 1856. Paris, chez MM. Lagny frères, rue Garancière.

attaque contre attaque; il répugne trop à notre caractère d'homme de bien de recourir à de pareilles armes.

En nous dévouant à l'œuvre immense que nous avons entreprise, nous n'avons eu d'autre mobile que le bien de la religion et de l'Eglise. Nous avons eu surtout en vue de faciliter à tant de paroisses pauvres ou obérées, les moyens de faire face aux nouvelles dépenses nécessitées par le changement de la liturgie, ou par l'insuffisance des anciens livres choraux. Ce n'est point nous, qui nous sommes posé en concurence avec les autres éditeurs de livres de chant. Venus après nous, ils ne sauraient nous demander, et ils ne s'attendent point sans doute que nous nous effacions devant eux, et leur laissions le champ libre. Nous croyons avoir fait une œuvre utile et bonne; les approbations épiscopales qui, dès l'année 1850, venaient encourager notre œuvre naissante; les décisions qui les rendaient, peu de temps après, obligatoires dans plusieurs diocèses; les succès inespérés dans le principe, qui ont couronné nos travaux; les développements et l'extension qu'ont pris notre commerce et nos ateliers typographiques, à la suite de ces succès, nous confirment toujours plus dans cette croyance.

Toutefois, nous avons hâte de le dire : cette croyance ne nous rend point présomptueux à l'excès. Il y a assurément dans nos livres des fautes que l'on ne manquera pas de corriger dans une prochaine édition. Il est bien difficile, pour ne pas dire impossible, que dans une opération de cette importance, et à laquelle contribuent tant de mains, il ne se glisse quelques fautes. Et où n'en trouve-t-on pas?

Nous déclarons au surplus que nous sommes prêt à faire toutes les améliorations que l'on croira nécessaires ou utiles au succès de la cause que nous défendons. Entré le premier dans la voie des réformes pratiques, nous ne saurions rester stationnaire, à mesure que la science formulera nettement ses dires et les prouvera avec la certitude de ne point se tromper. Ces améliorations ne toucheront point au chant admis en France depuis le Concile de Trente, et que nous avons reproduit: nous sommes trop convaincu qu'il est le seul qui puisse réaliser dans notre belle patrie le retour à l'unité liturgique complète. Tenter de faire de l'*érudition individuelle*, ce serait soulever de nouveaux obstacles, susciter de nouvelles entraves, et retarder indéfiniment le beau triomphe que nous appellons de tous nos vœux.

E. REPOS,

Éditeur de Livres liturgiques et de Chant Romain,

8, *rue Cassette.*

Paris, le 5 avril 1857.

DIGNE, TYPOGRAPHIE REPOS.